LES SECRETS DE LA FRANC-MAÇONNERIE

LES SECRETS DE LA FRANC-MAÇONNERIE

EDITIONS ESI

Sommaire

Introduction

La franc-maçonnerie est une organisation multiséculaire qui compte plusieurs millions de membres dans le monde et dont les travaux sont basés sur le perfectionnement humain et sur des valeurs de tolérance et de fraternité. En France, elle a notamment eu un rôle important dans les réformes politiques de la IIIe République (liberté de la presse, école laïque et obligatoire, séparation de l'Église et de l'État…) tandis qu'aux États-Unis, elle comptait plusieurs de ses membres parmi les rédacteurs de la constitution américaine. L'influence de la franc-maçonnerie – qui reste réelle même si elle est moindre qu'au XIXe siècle – et la discrétion légendaire des maçons ont contribué à rendre ce mouvement suspect aux yeux des adeptes de la théorie du complot. Une hostilité de principe qui connaîtra son apogée avec les persécutions nazies de la Seconde Guerre mondiale et qui provoquera chez les « frères » deux types de réactions : ceux qui souhaitent renforcer le secret pour éviter de nouvelles persécutions et ceux qui veulent au contraire faire progresser la transparence pour mettre un terme définitif aux malentendus. Le présent ouvrage participe de la seconde option : en vous permettant de mieux connaître cette organisation, de faire le tri entre mythes et histoire réelle de la franc-maçonnerie, de connaître ses sources d'inspiration, en vous présentant le déroulé de plusieurs cérémonies et en vous initiant au symbolisme des tenues maçonnes, l'auteur souhaite corriger certaines idées fausses véhiculées sur les maçons. Il est possible aussi qu'à la lecture de cet ouvrage, certains lecteurs souhaitent franchir le pas et pousser la porte d'un temple maçonnique. Ceux-là trouveront dans ces pages tout ce qu'il faut savoir sur les différentes obédiences franc-maçonnes en France et sur les rites pratiqués par chacune d'elles. Le but étant de les aider à faire leur choix en toute connaissance de cause et à identifier la Loge qui leur convient le mieux.

Découvrir

Histoire et évolution ésotérique

La franc-maçonnerie, en tant que corporation ou mouvement idéologique, ne date pas d'hier. On retrouve des traces de l'organisation tout au long de l'Histoire contemporaine des hommes et des sociétés.

Difficile de dater précisément les origines de la franc-maçonnerie, même si l'ensemble des manuels situe les premiers textes corporatistes (les premiers statuts notamment) aux alentours du XVIe siècle en Angleterre et en Écosse. La franc-maçonnerie, pour les initiés et les historiens, serait en fait beaucoup plus ancienne. Pierre Ripert, spécialiste et auteur de *Histoire de la franc-maçonnerie* (éd. de Vecchi) précise : « *Quand la religion chrétienne renversa la religion des Druides en Italie, dans l'ancienne Gaule, en Grande-Bretagne et en Irlande, les Druides devinrent objet de persécution. Ce qui naturellement et nécessairement obligea ceux d'entre eux qui étaient restés attachés à leur religion originelle à se réunir, en secret, et sous les plus fortes injonctions du secret. (...)*

Des restes de la religion des Druides ainsi conservés, une institution s'est formée, dont tous les membres, pour éviter le nom de Druides, prirent celui de Maçons, et pratiquent, sous ce nouveau nom, les rites des Druides. » Une hérédité ésotérique, dans ce cas, difficile à renier. D'autres spécialistes font remonter les origines de la franc-maçonnerie à des temps bien plus anciens, à la naissance même de l'homme, puisque cette tradition initiatique aurait vu le jour avec Adam, premier homme sur Terre. Les derniers penseurs, enfin, attribuent aux Égyptiens, grands architectes avant l'heure et maîtres incontestés des pyramides, les tribus d'un corporatisme devenu tradition maçonnique. D'Adam à Salomon, de Thalès à Pythagore, jusqu'aux grands savants plus contemporains, les références ne manquent pas et restent toujours empreintes d'un certain mysticisme. Car le lien entre la franc-maçonnerie et l'ésotérisme ne peut se contester, tant dans les origines historiques que dans la pratique elle-même.

Des origines floues

En France, il semble évident que les premières corporations franc-maçonnes (telles qu'on les connaît aujourd'hui) datent du Moyen Âge. Elles seraient notamment à l'origine composées des bâtisseurs de cathédrales regroupés en confréries (elles-mêmes petites-filles d'organisations plus anciennes comme expliqué plus haut). Ces confréries, alors complètement sous le joug de l'Église, se libèrent peu à peu de cette emprise (sans pour autant en rejeter la dimension spirituelle et/ou morale). Pour autant, réduire la franc-maçonnerie à un corps de métier serait en nier l'essence même. Car la franc-maçonnerie dépasse largement le cadre de l'apprentissage artisanal (même si les références à cet artisanat, les symboles et le vocabulaire restent omniprésents). Portés par des valeurs communes fortes, ces artisans s'appliquent très tôt à transmettre dans leurs réalisations la symbolique même de leur « idéologie ». Alain Subrebost, auteur du *Petit Manuel d'éveil et de pratique maçonnique*, conclut ainsi que *« ces Maçons francs, libres, bâtissent ainsi, hors du contrôle omniprésent et omnipotent de la religion dominante de l'époque, les chefs-d'œuvre de l'art roman et gothique en parsemant, dans leurs œuvres de pierre, des images, des symboles afin de transmettre discrètement à ceux qui pourraient en avoir la clé la connaissance des anciens bâtisseurs de l'Antiquité »*. Ceux qui auraient la clé ? La connaissance ? Les symboles et les images ? Nous sommes ici, sans aucun doute, dans une transmission initiatique et « occulte » d'un ensemble de savoirs et de valeurs. En ce sens, la franc-maçonnerie même « opérative » (celle des travailleurs, des maçons de terrain) – en opposition à la maçonnerie dite « spéculative » (celle des intellectuels, des bourgeois)

– se pare, dès ses premiers pas dans le monde contemporain, d'une aura secrète indéniable. Cette dimension secrète se retrouve tout au long de l'histoire maçonnique et s'explique tout autant par la volonté des francs-maçons et de leurs pairs de conserver un certain recul « mystique » que par les différents contextes historiques qui ont fait l'Histoire moderne.

Une histoire fluctuante

La franc-maçonnerie peut être considérée comme un système syncrétique et se rapproche sous de nombreux aspects (lors de ses premières années d'expression tout du moins) de confréries mystérieuses, à la limite parfois des sciences occultes (dans

Pour aller plus loin

Histoire de la franc-maçonnerie française de Pierre Ripert (éd. de Vecchi). Avec moult références et détails, ce livre retrace assez précisément toute l'histoire connue de la franc-maçonnerie, époque par époque.

L'Énigme des francs-maçons : histoire et liens mystiques de Tim Wallace-Murphy (éd. Véga). Un livre fouillé qui ausculte la franc-maçonnerie sous tous ses aspects, aussi bien du côté de la réalité historique que de la fascinante épopée mystique qui en est indissociable.

le sens de secrètes). Le contexte historique de l'époque moyenâgeuse est en effet propice au secret : les chasses aux sorcières ou les guerres de religion sont des constantes et le dicton « pour vivre heureux vivons cachés » prend ici tout son sens, d'autant qu'il s'agit de disserter et d'échanger des idées, qu'elles soient religieuses, sociales, politiques voire spirituelles. À l'origine complètement liée à la religion et à la suprématie de Dieu tout puissant, la franc-maçonnerie va se démarquer à ce niveau des obédiences anglo-saxonnes dès la fin du XVIIIe siècle. Le Grand Orient de France décide, en effet, de ne plus obliger ses membres à croire en Dieu. Jusqu'alors, croire en Dieu faisait partie des principes fondateurs et ce serment était l'un des premiers que devaient prêter les apprentis. Cette distinction crée immédiatement la scission entre les Français et les Anglais (scission qui existe encore aujourd'hui). Petit à petit, la franc-maçonnerie française va se libérer de différentes contraintes et on parle plus volontiers d'une pratique libérale, contrairement aux francs-maçons anglo-saxons qui sont plutôt dits « traditionnels » ou « réguliers ». Cette franc-maçonnerie « libérale » qui n'oblige pas à croire en Dieu, qui permet d'aborder des sujets prohibés dans d'autres loges (la politique ou la religion), qui ouvre ses portes aux femmes, est-elle pour autant plus transparente ? Force est de constater que d'un point de vue extérieur, le mystère reste le même !

Franc-maçonnerie moderne

La franc-maçonnerie moderne est beaucoup moins occulte que celle pratiquée par les initiés des siècles précédents. Aujourd'hui, une littérature très riche existe sur le sujet et les obédiences n'ont plus forcément intérêt à se protéger de quelconques attaques. Néanmoins, elle conserve toujours cette étiquette de société secrète et occulte, étiquette largement entretenue par les fictions ou la littérature de genre. Dans les faits, de nombreuses loges disposent de sites Internet.

La régularité maçonnique

En franc-maçonnerie, il n'existe pas d'organisme certificateur mondialement reconnu permettant de contrôler la régularité du travail maçonnique. D'ailleurs, sur quoi se baserait-il pour définir d'hypothétiques « bonnes pratiques » ? Les francs-maçons de tous horizons ont beau se référer aux *Old Charges* et aux *Constitutions* d'Anderson, faut-il en suivre la lettre ou n'en conserver que l'esprit, adapté aux usages de notre époque ? C'est une question cruciale qui empoisonne depuis très longtemps les relations entre obédiences maçonniques. Depuis, en fait, que l'une d'entre elles – la Grande Loge unie d'Angleterre (GLUA) – s'est érigée unilatéralement en gardienne de la tradition.

En 1929, la GLUA publie ses *Basic Principles*, définissant ce que doit être une franc-maçonnerie « régulière ». Considérée par beaucoup comme la loge mère de la franc-maçonnerie mondiale, la GLUA se met alors à distribuer des patentes de régularité aux seules Grandes Loges répondant aux critères qu'elle a édictés. Aujourd'hui, chaque Grande Loge possède ses propres critères de régularité et peut choisir de reconnaître telle ou telle obédience, avec lesquelles ses membres seront autorisés à cultiver des relations.

Attention à ne pas confondre « reconnaissance » et « régularité » : pour être reconnue, une Grande Loge se doit de respecter certains critères de régularité. Mais toutes les Grandes Loges « régulières » ne sont pas forcément reconnues, la GLUA ayant pris pour habitude de ne reconnaître qu'une seule obédience par pays (ou par État, dans le cas des USA).

Avec ce système, une ligne apparemment infranchissable s'est instituée entre le monde maçonnique « régulier » d'inspiration anglo-saxonne – déiste, exclusivement masculin – et une franc-maçonnerie « irrégulière » (elle-même se qualifie d'adogmatique), prônant la liberté religieuse et ouverte aux femmes.

« Basic Principles » et « Landmarks »

Depuis 1929, les *Basic Principles* de la GLUA n'ont que peu évolué. On peut toujours les résumer ainsi : une Grande Loge voulant se qualifier de « régulière » doit pouvoir produire une patente faisant remonter ses origines, même de manière indirecte, à l'une des trois Grandes Loges britanniques (Angleterre, Écosse ou Irlande) ; elle doit croire en un Être suprême ; tous les initiés doivent prêter serment sur le Livre de la loi sacrée (Bible ou autre livre fondateur d'une des grandes religions traditionnelles) ; enfin, elle doit être exclusivement masculine, avoir le contrôle exclusif de ses trois premiers grades (apprenti, compagnon et maître) et proscrire de ses tenues toute discussion politique ou religieuse.

Très proches des *Basic Principles* de la GLUA, les *Landmarks* de la maçonnerie nord-américaine comportent un certain nombre de principes qui varient en fonction des obédiences mais véhiculent toujours les mêmes idées majeures : monothéisme, présence de la Bible en loge et interdiction des discussions politiques ou religieuses.

C'est face à cette maçonnerie anglo-saxonne que s'est constitué un second bloc qui s'est donné, par opposition, le nom d'« adogmatique ».

La franc-maçonnerie adogmatique

La maçonnerie d'Europe continentale a suivi une évolution différente de la franc-maçonnerie anglo-saxonne. Alors que cette dernière est allée vers une simplification de ses rituels, n'a pas souhaité évoluer vers des systèmes hiérarchisés de hauts grades et a constamment réaffirmé sa foi en un Être suprême, les obédiences continentales préfèrent d'autres critères pour définir ce que doit être la franc-maçonnerie : tolérance religieuse et raciale et respect de la laïcité, notamment. Elles reconnaissent également la franc-maçonnerie féminine en se basant sur des exemples de franc-maçonnes opératives du Moyen Âge dont l'histoire a gardé des traces.

En 1871, le Grand Orient de Belgique a décidé d'abolir la référence obligatoire au Grand Architecte de l'Univers et l'utilisation du Livre de la loi sacrée. Le Grand Orient de France (GODF) a suivi son exemple en 1877, entraînant beaucoup d'autres obédiences dans ce mouvement et provoquant une rupture définitive avec la GLUA, qui les déclare depuis inauthentiques.

Si beaucoup de loges du GODF évoquent toujours le Grand Architecte de l'Univers dans leurs rituels, aujourd'hui ce ne sont plus des références obligatoires.

La régularité en France

En France, au moins six obédiences se déclarent régulières : Grande Loge de France, Grande Loge traditionnelle et symbolique Opéra, Grande Loge écossaise réformée et rectifiée d'Occitanie, Loge nationale française, Grand Prieuré des Gaules et Grande Loge nationale française. C'est cette dernière que reconnaissait la GLUA jusqu'à ce que des troubles persistants au sein de la GLNF ne poussent la Grande Loge anglaise à suspendre ses relations avec elle en juillet 2011. À l'heure actuelle, aucune obédience française n'est donc plus reconnue par la franc-maçonnerie régulière…

CLIPSAS

Ce second bloc « adogmatique », ou « irrégulier » selon ses détracteurs, s'est réuni autour de deux pôles principaux qui se recoupent largement : celui des obédiences reconnues par le Grand Orient de France d'une part et le CLIPSAS de l'autre. Le Centre de liaison et d'information des puissances maçonniques signataires de l'Appel de Strasbourg (CLIPSAS) existe depuis 1961, époque à laquelle douze obédiences lancèrent un appel à toutes les maçonneries du monde afin de les réunir dans le respect de leur souveraineté, de leurs rites et de leurs symboles. Plus de soixante-dix Grandes Loges y ont depuis répondu.
Le CLIPSAS professe une absolue liberté de conscience et n'interdit pas la reconnaissance des obédiences féminines ou mixtes. Pour qu'une loge puisse le rejoindre, elle doit avoir été constituée par sept maîtres maçons au minimum, utiliser un rituel faisant référence aux symboles des bâtisseurs, travailler dans un temple où sont présents les colonnes J&B, l'équerre, le compas, les outils du degré et le pavé mosaïque ; elle doit en outre pratiquer les trois degrés symboliques et n'admettre en son sein que des frères ou sœurs initiés dans une loge régulièrement constituée.

Même s'il existe des obédiences maçonniques n'appartenant à aucun des courants susmentionnés, ce sont bien les Grandes Loges régulières et adogmatiques qui définissent aujourd'hui le paysage maçonnique mondial. Notre souci d'objectivité dût-il en souffrir, il nous faut reconnaître que l'exclusion vient plus d'un côté que de l'autre. Difficile en effet de parler de fraternité universelle lorsqu'on ferme sa porte à une partie de l'humanité et qu'on interdit à ses membres de visiter des loges irrégulières. Malheureusement, la ligne de fracture actuelle semble bien partie pour durer.

Les visiteurs fantômes

Dans chaque Grande Loge, un grand secrétaire ou un grand chambellan tient à jour une liste de toutes les autres Grandes Loges que l'obédience reconnaît et que ses membres en voyage ont donc le droit d'aller visiter. À cette fin, il leur délivre même des lettres d'introduction. Mais comment faire pour rendre une visite de courtoisie à une loge que votre obédience ne reconnaît pas ? Bien souvent, il suffit de se mettre d'accord avec la loge « hôte », qui contournera alors le problème en ne mentionnant pas la visite du frère « irrégulier » dans ses comptes rendus officiels. Et le tour est joué !

Les grands symboles

La franc-maçonnerie est toute entière société de symboles. Des symboles qui, pour la plupart, remontent aux temps les plus anciens, mais qui sont lourds de significations pour les initiés. Des symboles qu'il faut respecter et connaître.

Le symbole le plus connu des francs-maçons est certainement celui de l'équerre et du compas entrelacés, deux outils indispensables pour travailler certes, mais aussi lourds de significations pour les francs-maçons. Ainsi l'équerre symbolise la rectitude morale et le compas représente la maîtrise de soi. Lors des cérémonies, de nombreux gestes et attouchements reproduisent la forme de l'équerre. Selon la définition de Pierre Ripert, journaliste et historien, le compas « *toujours associé à l'équerre symbolise la spiritualité. Les deux branches de l'équerre sont passives tandis que celles du compas sont mobiles, actives et permettent de tracer les courbes et les cercles, et de découvrir la proportion dorée qui régit l'ensemble de la nature.* »

Le triangle est un symbole également très fort qui se retrouve à plusieurs niveaux des rituels maçonniques. La figure géométrique parfaitement constituée est une référence à la Trinité : naissance, vie, mort ; passé, présent, avenir ; sagesse, force, beauté. C'est aussi un rappel des constructions antiques parfaites qu'étaient les pyramides. Certains auteurs estiment par ailleurs que cette pyramide franc-maçonne est toujours considérée comme inachevée, signe que le travail du franc-maçon (son élévation spirituelle aussi) n'est jamais terminé. Les francs-maçons l'appellent souvent Delta (ou Delta lumineux, symbole de la divinité) et l'agrémentent d'un œil ouvert en son centre. Le Delta lumineux (ou Œil de la providence) peut aussi être une allégorie de la science et du savoir, ce qui éclaire, ce qui apprend et permet de grandir. L'œil, pris isolément, peut être considéré comme l'œil divin, celui qui apporte la lumière et crée.

Le pentagramme est le troisième symbole que l'on peut retenir parmi tous les symboles, nombreux, affectés aux pratiques des loges (c'est le symbole notamment associé au passage du second degré). Cette figure géométrique, une étoile à cinq branches, fait partie des symboles largement repris par les sciences occultes ou divinatoires, sous la forme d'un pentacle magique. Chez les francs-maçons, l'étoile à cinq branches, appelée aussi Étoile flamboyante, évoque les proportions parfaites, chères à la confrérie. Elle fait aussi parfois référence au Sceau de Salomon, personnage ô combien fondateur, dans l'idéologie maçonnique.

L'homme, son esprit, son cheminement

La franc-maçonnerie s'est nourrie et se nourrit encore de plusieurs idéologies et religions, aussi bien sur le plan temporel que sur le plan spatial. En l'espèce, l'énergie céleste véhiculée entre l'homme et ses semblables ou entre l'homme et son aura n'est pas sans rappeler la circulation énergétique et spirituelle qui existe dans les courants de pensée asiatiques et hindouistes. Jean-Jacques Gabut, journaliste et grand maître honoris causa de la Grande Loge de France, précise (in *Les Symboles de la franc-maçonnerie*, éd. Dervy), en référence à la gestuelle en usage pendant les cérémonies, que les points « sollicités » ne sont ni plus ni moins que les chakras énergétiques, avec une attention particulière sur le septième, celui qui se situe au-dessus de l'homme, le ciel de la tête. « *Ce sont ces chakras, centres d'énergie du corps subtil, points d'interpénétration du psychisme et du physique, semblables à des fleurs de lotus en forme de rues – d'où leur nom – qui sont littéralement mis en mouvement par la gestuelle des signes maçonniques.* (...) *Ce qu'il importe de savoir, c'est que ces sept chakras – le nombre, là non plus, n'est pas innocent – sont des centres d'éveil de la spiritualité. Leur forme, en carré, en cercle, en triangle (inversé), en sceau de Salomon, a des vertus propres de même que leur couleur. Par le septième chakra, situé au-dessus de la tête, ils se terminent en couronne de lotus.* » Ainsi, le ciel est-il en relation directe avec la tête et par là même avec l'esprit.

Poids de la nature dans la symbolique

Que ce soit les quatre points cardinaux, les cinq éléments, le ciel ou encore les deux astres essentiels que sont la lune et le soleil, la nature possède un poids et une valeur omnisciente que l'on ne peut lui enlever.

Soleil à visage humain

Depuis l'Antiquité, le soleil est vénéré. Symbole même de la toute puissance, adoré par les plus grands, porté en blason par certains rois, le soleil est aussi réutilisé dans la panoplie franc-maçonne. Irradiant, il peut être synonyme de vérité ou de vie. De nombreux blasons le figurent avec un visage humain et il remplace parfois le « G » entre l'équerre et le compas. Parfois, il est la représentation du Grand Architecte de l'Univers (GADLU) qui fait office de Dieu chez les non croyants.

Nord, est, ouest ou sud ? Dans les loges, la disposition des symboles est savamment et précisément orchestrée, au millimètre près. Chaque chose à sa place et chaque place à sa chose, comme dit le dicton populaire. L'Étoile flamboyante, par exemple, doit toujours se situer à l'orient pour pouvoir « rayonner de lumière » et éclairer symboliquement la loge.

Soleil, lune et étoiles sont des références récurrentes : le soleil, élément de vérité et de vie, ne peut exister sans la lune, son complément. Le premier donne une lumière visible, la seconde, une lumière invisible, plus secrète. Ces deux astres nourrissent spirituellement les initiés pendant leur cheminement, leur progression. Dans la loge, le grand maître est encadré de part et d'autre par le soleil et la lune. L'étoile (en dehors de l'Étoile flamboyante), qui éclaire en lieu et place du soleil et marque la transition avec la lune, est dotée d'une force philosophique indiscutable. L'Étoile flamboyante, quant à elle, fait plutôt référence aux cinq éléments : la terre, l'eau, l'air, le feu et l'éther. Lors du passage au grade de compagnon, l'apprenti doit tracer une étoile et s'approprier l'un après l'autre les cinq éléments. Le dernier, l'éther, étant celui qui n'est accessible que dans le cœur.

La pierre, enfin, est un élément de la nature mais pas seulement. C'est elle qui, symboliquement, représente le chemin que parcourt le maçon tout au long de son initiation et de sa vie. Aussi est-elle donnée brute à l'apprenti qui entre dans la fraternité.

À lui de la tailler, de la sculpter pour en faire une pierre cubique qui correspond au degré de compagnon puis de la rendre encore plus pure pour aboutir à la pierre philosophale, ultime état d'une pierre « aboutie » (même si elle ne l'est jamais complètement), qui correspond au degré de maître.

Architecture

La symbolique maçonnique n'est pas, sous certains aspects, sans relation directe avec les arts et métiers, notamment ceux de la construction et de l'architecture. Ce qui se comprend aisément puisque les premiers francs-maçons, ceux de la maçonnerie « opérative », étaient des artisans appartenant à la corporation du bâtiment, les premiers bâtisseurs de cathédrale. Le compas, l'équerre, le maillet... tous ces outils symboliques en sont l'héritage.

Les codes et symboles maçonniques

Un symbole est un dessin ou un objet prenant la place d'une notion abstraite, moyen de rendre simple quelque chose de compliqué. Son interprétation est fonction de la culture dans laquelle il est né. En maçonnerie tout est symbole. En effet, la règle de la franc-maçonnerie stipule que les rituels ne peuvent être écrits, mais rien n'empêche de les symboliser, si bien qu'à chaque outil du maçon ont été accolés plusieurs sens cachés. Il s'agit généralement de vertus ou de qualités que le frère doit s'approprier. Ces sens sont toujours multiples, les découvrir et se les approprier est au cœur du travail maçonnique. Nous ne livrerons donc ici que quelques pistes exploratoires, non exhaustives.

L'équerre est un outil primaire qui ne trouve son plein développement que lorsqu'on lui adjoint un compas, plus difficile à manipuler. Cette complémentarité se retrouve dans la symbolique du maillet et du ciseau (« *toute force est vaine si elle n'est pas utilisée avec discernement* »). L'équerre symbolise la rectitude et la rigueur, l'honnêteté et la vertu. Le compas, la perfection et la connaissance.

Lorsqu'ils sont figurés ensemble, l'équerre représente aussi la matière, et le compas l'esprit. Au grade de maître, le compas est toujours posé sur l'équerre, signe que l'esprit domine la matière. Le niveau est un outil permettant de vérifier l'exactitude de l'horizontalité. Il symbolise donc l'égalité entre les frères. Le fil à plomb, qui lui est complémentaire, permet de vérifier la verticalité. Au grade d'apprenti, il intime aux frères de descendre au plus profond d'eux-mêmes pour parvenir à mieux se connaître. La truelle est un instrument servant à relier les pierres entre elles. Réservé aux maîtres maçons, il leur enseigne à cultiver l'harmonie entre frères. La règle, enfin, est composée de 24 crans symbolisant les heures d'une journée, qu'il convient de toujours employer utilement.

L'uniforme maçon

Puisqu'en franc-maçonnerie tout est symbole, l'uniforme des francs-maçons est également très signifiant. À commencer par le tablier et la paire de gants blancs qui sont offerts à tout apprenti à la fin de son initiation. Ce tablier est généralement fabriqué en peau de mouton, symbole d'innocence, et sa couleur blanche renvoie à l'idée de pureté. Dans la maçonnerie opérative, il servait à se protéger des éclats de la pierre, raison pour laquelle la bavette triangulaire qui le surmonte est relevée chez les apprentis mais baissée chez les compagnons, qui ont déjà dégrossi leur pierre brute et ont moins de raisons de se protéger. Chez les maîtres, la pierre est désormais taillée et la bavette disparaît complètement. Si la couleur blanche des gants renvoie au même symbole de pureté que le tablier, elle symbolise aussi le fait que les mains du maçon n'ont pas trempé dans l'assassinat d'Hiram, l'architecte du Temple de Salomon. Les maîtres portent en outre un baudrier qui rappelle les premiers temps de la maçonnerie spéculative, lorsque les maçons portaient tous une épée. Dans la société de classes de l'Ancien Régime, ce port généralisé symbolisait l'égalité entre les frères.

Les décors maçonniques

La première chose que l'on remarque en rentrant dans un temple est le Delta rayonnant placé à l'orient, derrière le vénérable maître. Les angles du delta renvoient au chiffre trois, omniprésent chez les francs-maçons. L'œil qui orne parfois son centre est une référence directe au Grand Architecte de l'Univers. Deux colonnes entourent l'entrée du temple maçonnique, censé être la reconstitution du Temple de Salomon. Elles ont pour nom Joachim et Boaz et sont chacune affectée à un grade. L'une d'entre elles siège du côté des apprentis et l'autre du côté des compagnons.

Au grade de compagnon apparaît en outre l'Étoile flamboyante, qui symbolise à la fois l'harmonie, la beauté et la perfection. Quant au G central qui l'orne parfois, il peut être interprété de différentes manières : *God*, la géométrie, la gnose, la gravitation ou encore le génie.

Citons encore le pavé mosaïque (un pavage en damier noir et blanc) et le couple lune/soleil, qui ont une signification analogue au yin et au yang chinois ; les trois flambeaux qui entourent le pavé mosaïque et qui symbolisent la force, la beauté et la sagesse ; enfin, la corde à nœuds, un signe d'union entre les frères.

Les bijoux des officiers de loge

Les officiers de loge portent un cordon au bout duquel est attaché un « bijou » maçonnique, symbole de leur charge. Le vénérable maître porte une équerre, symbole de vertu ; le premier surveillant porte un niveau, symbole d'égalité ; le second surveillant arbore un fil à plomb, symbole de droiture, l'orateur un livre ouvert, rappel du règlement de la loge ; le bijou du secrétaire est une plume d'oie ; celui de l'expert une règle et une épée entrecroisées, surmontées d'un œil symbole de vigilance ; enfin, le maître des cérémonies, qui régit les déplacements en loge, porte deux cannes croisées.

Signes et attouchements

Les codes, signes et attouchements permettent de se reconnaître entre maçons. Nous tairons les codes, qui sont des mots de passe réservés aux maçons. Les attouchements sont des poignées de main spéciales qui diffèrent suivant les grades. Les apprentis se reconnaissent en effectuant trois pressions du pouce sur la main de leur interlocuteur. Les compagnons en effectuent deux de plus. Quant aux maîtres, ils possèdent une « griffe » consistant à toucher le poignet de leur interlocuteur avec l'annulaire, le majeur et l'index repliés. Le signe secret de l'apprenti revient à placer sa main droite sous la gorge puis à la redescendre en équerre le long du corps ; seule l'entame diffère pour le compagnon, qui place sa main droite sur le plexus, et pour le maître, qui la place sur son ventre. D'autre part, les francs-maçons ont une manière bien à eux de coder leur correspondance écrite en écrivant seulement l'initiale de mots purement maçonniques et les premières lettres des noms propres, suivis à chaque fois de trois points. À noter que ces trois points peuvent aussi figurer à la fin de la signature de certains frères, qui se croient très discrets mais passent en fait rarement inaperçus.

La franc-maçonnerie est une discipline initiatique, dont l'enseignement n'est révélé que progressivement à ses membres. Chaque degré est composé de cérémonies et d'un enseignement spécifique qui vient en partie expliquer la symbolique des dites cérémonies. Mais un travail personnel important est aussi demandé au maçon. La raison en est simple : chaque parcours de vie est unique et chaque frère doit donc trouver ses propres réponses dans l'étude des symboles maçonniques. Ce peut être l'œuvre d'une vie tant il existe une gamme presque infinie de symboles sur lesquels méditer.

La symbolique alchimique

Le soleil et la lune, qui ornent les temples maçonniques, sont également des symboles alchimiques. Le soleil représente le principe mâle (le soufre), tandis que la lune est le principe féminin (le mercure). Au sein du cabinet de réflexion se trouvent également de nombreux symboles alchimiques : soufre et mercure, bien sûr, mais aussi coq (symbole du vif-argent) et la formule V.I.T.R.I.O.L. inscrite au mur. Enfin, l'officier couvreur de la loge rappelle la vieille règle alchimique qui veut qu'une sentinelle armée d'un glaive flamboyant se tienne en permanence à la porte du laboratoire.

Les rituels

Rites, initiations et usages

S'il est un aspect dans la franc-maçonnerie qui ne peut définitivement pas renier son caractère ésotérique, c'est bien celui des rites d'entrée et de passage qui ponctuent ses usages et son fonctionnement.

La franc-maçonnerie est une société de rites. Chaque étape est ponctuée de nombreux paliers, cérémonies très encadrées, gestes, textes, mouvements. Alain Subrebost, auteur du *Petit Manuel d'éveil et de pratique maçonnique* précise : « *La somme des travaux comme l'initiation est réglée par un ensemble cohérent de gestes, de mots, de phrases philosophiques ou symboliques. Cette organisation s'appelle un rituel. Plusieurs rituels sont pratiqués au sein des diverses obédiences. Selon les rituels, la disposition spatiale de la loge change, certains symboles sont déplacés et les mots et gestes employés diffèrent, mais le but du rituel, lui, ne change pas. Il est omniprésent de façon que les nombreuses redondances multidimensionnelles, tant sur le plan kinesthésique que sur les plans visuel et sonore, produisent l'effet recherché, soit une illumination progressive de l'initié. »*

Parmi les rites et usages, il en est un qui entretient largement la dimension secrète (voire occulte pour certains) de l'entrée en maçonnerie, c'est l'usage du bandeau. En effet, lorsqu'un non initié veut rejoindre la confrérie, il doit avant toutes choses porter un bandeau occultant sur les yeux. Le bandeau doit être maintenu en place pendant toute la séance d'appréciation de la candidature. L'impétrant (celui qui défend sa candidature) doit répondre aux questions des maçons mais sans avoir la possibilité de les connaître ou reconnaître. L'idée, ici, n'est pas forcément pour les francs-maçons de rester dans l'ombre et le secret (d'ailleurs chaque franc-maçon est libre de se découvrir, c'est-à-dire de signifier son appartenance à la fraternité aux personnes du monde extérieur) ; les yeux ainsi bandés, le profane est dans les meilleures dispositions possibles pour ce rituel initiatique, les questions résonnent avec plus de force, ses réponses ne sont parasitées par aucun facteur extérieur ou visuel, il peut se concentrer pleinement sur ce moment capital.

La légende d'Hiram

La légende d'Hiram est l'un des fondements du rite initiatique maçon. Elle prédispose notamment la dernière étape, au dernier grade que peut franchir le compagnon, qui alors deviendra maître. La légende d'Hiram diffère sensiblement dans la chronologie de l'histoire selon les sources, mais dans le fond, les éléments fondamentaux de l'histoire, et surtout les conclusions qu'il faut en tirer, restent les mêmes. D'après cette légende, Hiram, grand maître architecte de Salomon, avait été quémandé pour construire le plus grand temple du royaume. Hiram, pour parfaire le temple, voulut y ajouter un bassin en airain, sorte d'alliage dont personne n'avait la recette. Il échoua une première fois et c'est seulement après un voyage initiatique au centre de la Terre qu'Hiram revint avec la recette alchimique du précieux alliage. Las, alors qu'il était sur le point de parachever son œuvre, Hiram fut trahi par trois ouvriers qui voulurent lui voler son secret. Quel secret ? Mot de passe pour sortir du temple ou recette alchimique pour créer la mer d'airain, selon les variantes. Dans tous les cas, Hiram ne voulut pas trahir son secret et mourut sous les coups de ses assaillants. Son corps fut enfoui dans un lieu inconnu et le temple resta inachevé. Salomon fit chercher son corps et on le découvrit sous un rameau d'acacia.

On peut noter que, dans cette légende, le chiffre cinq est encore à l'honneur puisque les personnages sont au nombre de cinq :

Hiram, Salomon et les trois traîtres. Les trois traîtres sont généralement comparés à des parasites (intérieurs et extérieurs) qui veulent empêcher le voyage initiatique du maçon (Salomon étant l'esprit et Hiram le corps). Les branches de l'étoile flamboyante sont parfois assimilées à ces cinq personnages : Salomon et Hiram étant pointés vers le haut. Dans le cas d'un pentagramme inversé (Salomon et Hiram vers le bas), il s'agit de magie noire.

Code maçonnique

Extrait choisi :

Honore le Grand Architecte de l'Univers.
Aime ton prochain.
Ne fais point le mal.
Fais-le bien.

Laisse parler les hommes.

Le vrai culte du Grand Architecte consiste dans les bonnes mœurs.
Fais donc le bien pour l'amour du bien lui-même.
Tiens toujours ton âme dans un état pur pour paraître dignement devant le Grand Architecte de l'Univers, qui est Dieu.
Estime les bons, plains les faibles, fuis les méchants mais ne hais personne.

Le temps et la maturation

Toute l'initiation maçonnique repose sur un élément crucial : le temps. Le cheminement individuel et personnel que doivent effectuer l'apprenti puis le compagnon et le maître est un travail de maturation, de perfection qui ne peut s'entreprendre que dans la durée. Alain Subrebost, auteur du *Petit Manuel d'éveil et de pratique maçonnique* explique ainsi que « *le principe de la voie initiatique de la franc-maçonnerie est progressif. À chaque palier de compréhension, un nouveau rituel, une nouvelle approche du symbole, un nouveau départ. L'apprenti a été bouleversé par le psychodrame initiatique et, pendant ses années d'apprentissage, les plaques tectoniques de sa prime personnalité, prisonnières des habitudes et autres préjugés, se sont écartées laissant apparaître, après une certaine "déconstruction", un être dont il pressentait l'existence mais qui jusqu'alors n'avait pu éclore.* »

Par ailleurs, les francs-maçons donnent des outils mais chacun doit les utiliser, doit trouver sa propre voie de réflexion et d'élévation morale, spirituelle, idéologique ; un peu à la façon du voyage entrepris par l'alchimiste de Paulo Coelho. Alain Subrebost explique aussi que « *l'ensemble des paramètres initiatiques* (…) *n'est rien sans le sel de la vie, l'essence de notre être.* » Ainsi un maçon doit-il trouver la vérité (ou s'en approcher tout du moins) en lui, au plus profond de son être et de son âme. Un apprenti, un compagnon ou un maître ne sont pas passifs mais actifs (il n'est pas question ici de se contenter d'accumuler des informations ou un apprentissage extérieur) tout au long de leur existence. La pierre brute qui devient pierre cubique puis pierre philosophale illustre de façon claire le rite initiatique maçonnique. Cette pierre, pleine de défauts et d'aspérités avant qu'elle ne soit travaillée n'est autre que le profane ou l'apprenti tout juste entré dans la fraternité. Mais pour la faire devenir pierre philosophale, but ultime, il faut passer par de nombreuses étapes et, surtout, la travailler tout en douceur, par petites progressions, petits polissages, un travail d'orfèvre en quelque sorte !

L'alchimiste

Transformer le plomb en or ? Le rêve de l'homme avide depuis que la Terre est ronde et la tâche de l'alchimiste, comme dans la légende d'Hiram. Pourtant, la quête et le travail de l'alchimiste ne sont en rien liés à un enrichissement pécuniaire. « *Les alchimistes cherchent le secret de la fabrication de la pierre philosophale*, écrit Alain Subrebost, *mais derrière la pratique de laboratoire* (...) *les alchimistes se vouaient à la transmutation de l'âme, à ce que l'on appelle l'éveil spirituel.* »

Les cérémonies franc-maçonnes

Les cérémonies rituelles sont au cœur du travail maçonnique. Dans les loges anglo-saxonnes, elles sont même leur seule raison d'être et les frères sont tenus de connaître par cœur les rituels. Dans toutes les loges du monde, le rituel de chaque degré décrit précisément la disposition de la loge, le tableau de la loge, la manière d'ouvrir et de fermer les travaux, la cérémonie d'initiation à ce degré et l'instruction qui y est associée. Chaque mois, deux tenues sont organisées. Celles travaillant au grade d'apprenti rassemblent tous les maçons de la loge ; celles travaillant au grade de compagnon, les compagnons et les maîtres, et celles travaillant au grade de maître, les maîtres uniquement.

Le temple d'une loge se présente comme une salle rectangulaire orientée est-ouest et bordée de travées sur lesquelles les frères prennent place. L'entrée est à l'occident et le plateau surélevé du vénérable à l'orient. Un autel devant le vénérable soutient le Livre de la loi sacrée. Au centre de la loge, trois colonnettes surmontées d'une bougie allumée entourent le tableau de loge, sorte de tapis sur lequel

est représentée une synthèse graphique de toute la symbolique de la loge au degré considéré. À l'entrée, deux colonnes symbolisent celles du Temple de Salomon. Une travée différente est affectée aux apprentis et aux compagnons, qui se font face, tandis que les maîtres peuvent s'asseoir dans la travée de leur choix et que les officiers de loge, garants du bon déroulement des cérémonies, ont chacun une place bien spécifique.
Les tenues traditionnelles s'organisent généralement autour d'un exposé (« planche ») portant sur un sujet de société ou sur un point de symbolique franc-maçonne. Mais d'autres cérémonies existent : initiation des apprentis, élévation des compagnons, exaltation des maîtres, cérémonie funèbre, élection puis installation d'un nouveau vénérable, etc.

Les officiers de loge

Le vénérable de la loge est généralement élu pour un an (renouvelable) par les maîtres de la loge. Il ouvre et ferme les travaux et dirige le rituel. Le premier surveillant est le suppléant du vénérable, il siège près de la travée des compagnons et transmet au vénérable les demandes de prise de parole. Il s'occupe aussi de l'instruction des compagnons. Le second surveillant siège près de la travée des apprentis et a un rôle analogue au premier surveillant mais pour sa travée. L'orateur est le gardien des constitutions et des règlements de l'obédience. En cette qualité, il est le seul à pouvoir interrompre le vénérable. C'est aussi lui qui communique les messages en provenance de la hiérarchie de la loge. Le secrétaire rédige les comptes rendus des tenues et tient à jour le fichier des membres. L'expert effectue la plupart des gestes rituels et le maître des cérémonies gère le mobilier nécessaire aux rituels ainsi que tous les déplacements en loge. Ces sept personnages sont souvent complétés d'un trésorier (le comptable de la loge), d'un hospitalier (qui prend soin des frères souffrants) et d'un couvreur (placé près de la porte, qui s'assure du secret de la tenue).

Une tenue traditionnelle

Les maçons entrent dans le temple et attendent en silence l'arrivée des officiers. Le vénérable procède à l'ouverture de la tenue par une série de questions et de réponses rituelles échangées avec les deux surveillants. Suivent l'appel des membres et la lecture du compte rendu de la dernière tenue, appelé « tracé ». Si le tracé est accepté, il devient une « table burinée » et rejoint les archives de la loge. Ensuite, le maître lit la correspondance reçue. Le travail continue par une planche, suivie ou non de débats. On ne se coupe jamais la parole et on ne la prend qu'un nombre limité de fois. Les apprentis, eux, n'ont pas droit à la parole. Ils écoutent et apprennent. La tenue continue par l'ordre du jour, après quoi on fait passer dans l'assistance le « tronc de la veuve » (pour soutenir un frère dans la gêne ou alimenter une œuvre de bienfaisance) et le sac aux propositions (qui permet anonymement de proposer de nouveaux candidats à l'initiation, par exemple). La tenue se termine par une chaîne d'union au cours de laquelle les frères se tiennent tous par la main. Enfin, tout le monde se retrouve en salle humide pour participer à un dîner collectif, les fameuses agapes.

On boit un canon ?

Lors des agapes réunissant les frères après chaque tenue, ces derniers usent d'un vocabulaire tout droit tiré des loges militaires d'antan. Ainsi, une assiette devient une « tuile », un verre, une « coupe » ou un « canon », une cuillère prend l'apparence d'une « truelle », une fourchette celle d'une « pioche » et les couteaux sont appelés des « glaives ». Quant aux liquides, ils se transforment en poudres variées. Ainsi, la « poudre faible » (ou « poudre rouge ») sert à désigner l'eau, la « poudre blanche » le vin, la « poudre jaune » la bière et la « poudre fulminante » les liqueurs.

Initiation, élévation et exaltation

Dans les loges symboliques, le passage d'un degré à l'autre est soumis au vote des maîtres et donne lieu à des cérémonies appelées « Initiation » pour le futur apprenti, « Élévation » pour le futur compagnon et « Exaltation » pour le futur maître.

Lors d'une initiation, le futur apprenti subit trois épreuves initiatiques les yeux bandés et doit jurer de respecter le secret maçonnique. Il est alors adoubé par le vénérable et on lui remet l'instruction de son grade.

Avant son élévation, le futur compagnon doit avoir été apprenti depuis au moins un an et avoir effectué une « planche » portant sur l'enseignement du degré d'apprenti. Durant la cérémonie, il n'a plus les yeux bandés mais effectue cinq voyages symboliques. Une fois passé compagnon, il ne peut toujours pas voter mais est autorisé à prendre la parole en loge.

Avant son exaltation, enfin, le futur maître devra lui aussi avoir préparé un exposé sur l'enseignement de son grade. La cérémonie d'exaltation proprement dite est basée sur la légende de la mort d'Hiram et comporte une petite pièce de théâtre racontant son assassinat. En tant que maître, il possède le droit de vote et peut devenir officier de sa loge.

Les cérémonies franc-maçonnes ont longtemps provoqué la suspicion. Certains éléments morbides du cérémonial ainsi que les terribles menaces évoquées en cas de rupture du secret sont même à l'origine de rumeurs évoquant des cérémonies sanglantes. Pourtant, le secret n'est plus que largement symbolique aujourd'hui. Les codes et poignées de main ont été depuis longtemps ébruités et le détail des cérémonies est accessible à quiconque se donne la peine de fouiller un peu. Mais aucune transcription écrite d'un rituel franc-maçon ne viendra jamais remplacer l'expérience vécue au sein des loges.

« Le Régulateur du maçon »

À la fin du XVIIIe siècle, le GODF met au point un nouveau rite, le Rite français, afin d'unifier la franc-maçonnerie française et de la différencier de ce qui se fait en Angleterre. Dès 1801, un imprimeur peu scrupuleux diffuse un ouvrage intitulé *Le Régulateur du maçon* : ouverture et fermeture des travaux maçonniques, cérémonies de réception aux trois grades d'apprenti, compagnon et maître, agapes rituelles... tous les mystères de l'ordre y sont décrits. Mais deux siècles plus tard, cet ouvrage se révélera une mine de renseignements pour les maçons à l'origine du Rite français rétabli.

Les textes célèbres de la franc-maçonnerie

Les textes maçonniques foisonnent, qu'il s'agisse de rituels détaillant précisément chaque moment des cérémonies ou d'écrits séculiers se rapportant à l'expérience personnelle de leurs auteurs, maçons aussi talentueux que Kipling, Maupassant, Casanova, Thomas Mann, Choderlos de Laclos, Goethe ou d'autres. Mais les écrits les plus importants restent ceux qui ont charpenté la franc-maçonnerie au fil des siècles. C'est le cas du *Manuscrit Regius*, qui est le texte fondateur de la franc-maçonnerie opérative ; des *Constitutions* d'Anderson, qui ont marqué le passage à la franc-maçonnerie spéculative, et du discours du chevalier de Ramsay, point de départ des hauts grades maçonniques.

Maçon anglais exilé, élève de Fénelon, le chevalier de Ramsay a prononcé son célèbre discours en 1736, à l'occasion d'une cérémonie d'initiation de la loge Saint-Thomas à Paris. Il y présente une filiation fantasmée entre maçons et templiers, une idée qui sera à la base du développement des hauts grades maçonniques. En voici un extrait : « *Nous avons des secrets ; ce sont des signes figuratifs et des paroles sacrées, qui composent un langage tantôt muet et tantôt très éloquent, pour le communiquer à la plus grande distance, et pour reconnaître nos Confrères de quelque langue ou quelque pays qu'ils soient. C'étoit, selon les apparences, des mots de guerre que les croisés se donnoient les uns aux autres, pour se garantir des surprises des Sarasins (...) Ce secret inviolable contribue puissamment à lier les sujets de toutes les Nations, et à rendre la communication des bienfaits facile et mutuelle entre eux. Nous en avons plusieurs exemples dans les annales de notre Ordre, nos Confrères qui voyageoient dans les différens pays de l'Europe, s'étant trouvés dans le besoin, se sont fait connoître à nos loges, et aussitôt ils ont été comblés de tous les secours nécessaires.* »

Le « Manuscrit Regius »

Le *Manuscrit Regius* est le texte fondateur de la franc-maçonnerie opérative. Il remonte à 1390 et, assemblé à d'autres textes, constitue une partie des *Old Charges* sur lesquelles s'appuiera plus tard Anderson lors de la rédaction de ses *Constitutions*.

Le *Manuscrit Regius* énumère les règles de la corporation des artisans maçons en 15 articles et 15 points supplémentaires. Il est précédé d'une « brève histoire géographique de la maçonnerie », dont voici un paragraphe :

« *Le nom du grand clerc était Euclide.*

Son renom se répandit au large.
En outre ce grand clerc ordonna de plus
que celui qui était d'un degré plus élevé
devait enseigner celui qui savait moins,
afin de le perfectionner dans cet honnête métier.
Ainsi ils doivent s'instruire l'un l'autre,
et s'aimer ensemble comme sœur et frère.
Il ordonna en outre que le plus avancé
serait appelé maître.
Afin qu'il soit le plus honoré,
il devait être ainsi nommé.
Mais un maçon ne devrait jamais désirer appeler un autre
dans le métier devant tous les autres
sujet ou serviteur, (mais) mon cher frère,
même s'il n'est pas aussi adroit qu'un autre.
Chacun doit appeler l'autre compagnon par amour,
parce qu'ils sont issus de noble naissance. »

Le discours du chevalier de Ramsay

Maçon anglais exilé, élève de Fénelon, le chevalier de Ramsay a prononcé son célèbre discours en 1736, à l'occasion d'une cérémonie d'initiation de la loge Saint-Thomas à Paris. Il y présente une filiation fantasmée entre maçons et templiers, une idée qui sera à la base du développement des hauts grades maçonniques. En voici un extrait : « *Nous avons des secrets ; ce sont des signes figuratifs et des paroles sacrées, qui composent un langage tantôt muet et tantôt très éloquent, pour le communiquer à la plus grande distance, et pour reconnaître nos Confrères de quelque langue ou quelque pays qu'ils soient. C'étoit, selon les apparences, des mots de guerre que les croisés se donnoient les uns aux autres, pour se garantir des surprises des Sarasins (...) Ce secret inviolable contribue puissamment à lier les sujets de toutes les Nations, et à rendre la communication des bienfaits facile et mutuelle entre eux. Nous en avons plusieurs exemples dans les annales de notre Ordre, nos Confrères qui voyageoient dans les différens pays de l'Europe, s'étant trouvés dans le besoin, se sont fait connoître à nos loges, et aussitôt ils ont été comblés de tous les secours nécessaires.* »

« L'Étoile flamboyante »

Le baron Tschoudy, inspirateur de certains hauts grades égyptiens et REAA, fut le premier à mettre en parallèle pierre philosophale alchimique et pierre taillée des maçons. L'essentiel de sa pensée est consigné dans *L'Étoile flamboyante*, un ouvrage daté de 1766 dont Elyphas Levy dit : *« Le catéchisme hermétique contenu dans cet ouvrage et que nous indiquons aux sages kabbalistes, contient tous les principes véritables du Grand Œuvre d'une manière si claire et si satisfaisante qu'il faut manquer absolument d'intelligence de l'occultisme pour ne pas arriver à la vérité en le lisant. »*

« If » de Rudyard Kipling

Parmi tous les écrivains ayant nourri leur œuvre de leur vie maçonnique, Rudyard Kipling est l'un des plus prolixes. L'auteur du *Livre de la jungle* était aussi poète et nombre de ses écrits font directement référence à la franc-maçonnerie, comme *La Loge mère*, par exemple. Son poème le plus connu, *Si*, composé à l'attention de son fils, détaille l'idéal du maçon en quête d'amélioration personnelle ; c'est le portrait d'un homme de bien.

En voici un morceau, selon la traduction d'André Maurois :

« Si tu peux voir détruit l'ouvrage de ta vie
Et sans dire un seul mot te mettre à rebâtir,
Ou perdre d'un seul coup le gain de cent parties
Sans un geste et sans un soupir ;
Si tu peux être amant sans être fou d'amour,
Si tu peux être fort sans cesser d'être tendre
Et, te sentant haï, sans haïr à ton tour,
Pourtant lutter et te défendre ;
(…)
Si tu peux rencontrer Triomphe après Défaite
Et recevoir ces deux menteurs d'un même front,
Si tu peux conserver ton courage et ta tête
Quand tous les autres les perdront,
Alors les Rois, les Dieux, la Chance et la Victoire
Seront à tout jamais tes esclaves soumis

Et, ce qui vaut bien mieux que les Rois et la Gloire,

Tu seras un homme, mon fils. »

Tous ces ouvrages sont aujourd'hui libres de droits et les textes originaux facilement accessibles sur le Net. Pour ceux qui voudraient approfondir l'histoire de la franc-maçonnerie, nous ne saurions trop vous recommander une visite au Musée de la franc-maçonnerie, situé au siège du GODF à Paris. Victime des pillages sous l'occupation allemande, il a retrouvé en 2001 une bonne partie des archives volées. Le renfort de ces dernières, entreposées jusque-là à Moscou, permet aujourd'hui au centre d'archives du musée de présenter plus de 23000 volumes en rayons, tous dédiés à la franc-maçonnerie.

« Morales et Dogme »

Morals and Dogma est le titre de la somme titanesque écrite par le grand maître américain Albert Pike et consacrée aux racines ésotériques de la franc-maçonnerie. Jusqu'en 1964, ce pavé de 861 pages était offert à tout maçon atteignant le 14e degré du REAA dans la juridiction sud des États-Unis. Bien que sujet à de multiples controverses, souvent nées de mauvaises interprétations que Pike fit des textes anciens, *Morales et Dogme* reste un trésor d'informations pour quiconque s'intéresse à l'ésotérisme, à la Kabbale et aux « mystères anciens » de l'hermétisme occidental.

Le Rite français

Le Rite français (également appelé Rite moderne en Belgique, en référence à la maçonnerie issue de la Grande Loge de Londres, péjorativement qualifiée de « moderne » par ses opposants) est le second rite le plus pratiqué en France, derrière le REAA. Il est même majoritaire à 80 % dans les loges symboliques du GODF. On le trouve également dans certaines loges de la GLNF, de la Loge nationale française, de la Grande Loge féminine de France, de la Grande Loge mixte universelle, du Grand Prieuré des Gaules et de la Grande Loge mixte de France. Bien que qualifiée de française, sa version « rétablie » est sans doute la plus proche de celle des débuts de la franc-maçonnerie spéculative anglaise.

Prédominant dans les pays francophones jusqu'à la Seconde Guerre mondiale, le Rite français est aujourd'hui relégué en seconde position derrière le REAA. Il est encore beaucoup pratiqué en Belgique (Grand Orient de Belgique et Grande Loge de Belgique) et au Brésil. On le retrouve présent, dans une moindre mesure, en Suisse, au Luxembourg, au Brésil, aux Pays-Bas, en Espagne, au Portugal, en Roumanie, en Bulgarie et en Italie.

Il fait son apparition en 1787 sous l'impulsion du GODF qui a mis en place quatre ans plus tôt un Grand Chapitre général de France chargé de synthétiser et de fixer les hauts grades existant en France à l'époque. Le but est triple : mettre un terme à l'inflation des degrés et des rites, éviter d'avoir à travailler sur de simples traductions de rites anglo-saxons et proposer un système simple et lisible. Il en résulte un nouveau rite décomposé en trois degrés symboliques (apprenti, compagnon et maître), auxquels s'ajoutent quatre hauts grades, dits « de Sagesse » mais qui ne sont plus guère pratiqués. Aujourd'hui, les francs-maçons désireux de pénétrer les arcanes des grades supérieurs se tournent généralement vers ceux du Rite écossais ancien et accepté.

Les spécificités du Rite français

Plusieurs fois amendé au cours du XIXe siècle, époque marquée en France par le positivisme d'Auguste Comte et qui évolue vers un anticléricalisme de plus en plus virulent, le Rite français tel que pratiqué au Grand Orient de France est devenu éminemment agnostique, pour ne pas dire laïque. Il ne conserve aucune référence religieuse dans ses statuts. Du coup, il se distingue par une grande perméabilité aux influences du monde extérieur et,

s'il a perdu au fil du temps son caractère initiatique, il est devenu une méthode très efficace de réflexion collective, laissant une grande part aux débats contradictoires.
Dans sa version pratiquée à la très régulière Grande Loge nationale de France, le concept de Grand Architecte a été au contraire maintenu et les exégètes de la franc-maçonnerie sont d'avis que ce Rite français-là est resté très proche de celui pratiqué à la Grande Loge de Londres. On a donc, lorsqu'on pénètre aujourd'hui dans une loge de la GLNF pratiquant le Rite français, un aperçu assez fidèle de la franc-maçonnerie anglaise du premier quart du XVIIIe siècle, c'est-à-dire avant que l'Ancient Grand Lodge n'impose ses vues à la Grande Loge de Londres et de Westminster.

Rite de Groussier et Rite français rétabli

Le rituel Amiable, adopté en 1886, est adogmatique et clame sa préférence pour les certitudes de la science face à celles des religions révélées. Jugé trop positiviste, il sera remplacé en 1938 par le Rite de Groussier, qui se veut un retour aux sources du Rite français et à une pratique où les questions philosophiques l'emportent sur les débats politiques. Ce rite, aujourd'hui majoritaire, est baptisé ainsi du nom d'un ancien grand maître du Grand Orient de France, Arthur Groussier.

Mais ce nouveau rite ne satisfait pas tous les maçons, certains d'entre eux déplorant toujours son agnosticisme et la perte de son caractère initiatique. C'est la raison pour laquelle est créé en 1989 le Rite français rétabli (ou Rite moderne français rétabli), à l'initiative de la Loge n° 238 des anciens devoirs, une loge régulière de la GLNF. Ses initiateurs, partis à la recherche des hauts grades perdus du Rite français, les retrouvent après d'intenses recherches au Brésil. La patente brésilienne et l'édition de 1801 du célèbre *Régulateur du maçon* leur fournissent alors le matériel nécessaire pour réactiver ces hauts grades et créer le Grand Chapitre français, leur organisme de tutelle.

Auguste Comte, le père du positivisme

Auguste Comte (1798 –1857) est un des précurseurs de la sociologie moderne et le fondateur du positivisme, une doctrine philosophique qui professe que les lois des phénomènes sont tout ce que nous savons d'eux. Puisque leur nature essentielle et leurs causes ultimes nous resteront toujours impénétrables, il faut donc se contenter de considérer les faits, recourir à l'expérimentation et ainsi sortir des discours spéculatifs. Le positivisme rejette la théologie et la métaphysique des forces abstraites et appelle à l'essor des sciences : *« Savoir c'est prévoir et prévoir c'est pouvoir »*.

Les différents ordres du Rite français

Tous les grades préexistant au Rite français furent regroupés, en 1787, en quatre ordres dits « de Sagesse ». Le premier ordre (« Élu secret ») regroupe tous les grades jusqu'au 9e degré du REAA ; le deuxième ordre (« Grand Élu écossais ») regroupe les grades entre le 10e et le 14e degré du REAA ; le troisième ordre (« Chevalier d'Orient ») correspond au 15e degré du REAA ; enfin, le quatrième ordre (« Chevalier Rose-Croix ») comprend les 16e, 17e et 18e degrés du REAA. Cette correspondance stricte entre les hauts grades du Rite français et ceux du Rite écossais ancien et accepté ont un temps entraîné l'absorption progressive du premier par le second. Jusqu'à ce que le Rite français amorce son renouveau dans la seconde moitié du XXe siècle.

Il existe aussi un cinquième ordre optionnel, prévu dès l'origine du rite et qui regroupe les 80 rituels comptabilisés à l'époque et n'entrant dans aucun des ordres précédents. Ils sont tous soumis à l'étude des maçons qui, au bout de leur parcours, reçoivent un ultime grade. L'appellation de ce dernier diffère en fonction des Suprêmes Conseils concernés mais se rapproche du « Chevalier du soleil », le 28e degré du REAA.

On l'a vu, le Rite de Groussier conçu au GODF et le Rite français rectifié, tel qu'il se pratique à la GLNF, affichent de nettes différences. Le premier est resté laïque et positiviste tandis que le second a effectué un retour aux sources d'avant 1877, c'est-à-dire d'avant le schisme avec la Grande Loge unie d'Angleterre. Pourtant, tous deux sont restés très proches en ce qu'ils mettent en exergue la simplicité du rituel et l'importance de son symbolisme. Alors qu'ils ont été longtemps cantonnés aux Loges bleues, la redécouverte récente de ces hauts grades en fait un rite aussi complet qu'original.

Arthur Groussier, un grand maître marquant

Arthur Groussier (1863-1957) est un ingénieur et homme politique de gauche français. Grand maître du Grand Orient de France pendant vingt ans, il n'aura de cesse de chercher à dépolitiser le travail en loge. C'est sous son autorité que le Rite français effectuera un retour à ses sources symboliques. Léon Blum dira à son propos : *« On ne peut pas connaître Arthur Groussier sans l'aimer. On ne peut pas connaître Groussier sans le respecter »*. Le plus grand des temples du GODF, rue Cadet à Paris, porte son nom. Il sert en particulier aux conférences publiques et aux tenues exceptionnelles.

Les rites égyptiens

Pratiqués dans de nombreux pays dans le monde, les rites égyptiens restent toutefois une spécialité française, notre pays comptant une centaine de loges réparties entre une vingtaine d'obédiences. Les plus connues sont le Grand Orient de France, la Grande Loge féminine de Memphis-Misraïm et la Grande Loge symbolique de France. Mais la Grande Loge égyptienne de France, la Grande Loge française de Misraïm, la Grande Loge mixte de Memphis-Misraïm et la Grande Loge indépendante et régulière de Memphis-Misraïm contribuent également à rendre ces rites vivaces. Apparus en Italie à la fin du XVIIIe siècle, les rites égyptiens se réclament d'une tradition hermétique plusieurs fois millénaire.

L'hermétisme est une spiritualité née à Alexandrie et antérieure au christianisme. Basé sur les enseignements traditionnels des civilisations méditerranéennes (Égypte, Grèce, empires romains d'Occident et d'Orient), il propose un salut passant par la connaissance de soi et la révélation de la nature divine des hommes, faits de vie et de lumière.

Combattues par l'Église catholique, les dernières écoles philosophiques grecques porteuses de cette spiritualité ont été fermées au Vᵉ siècle après J.-C. Mais, basé sur quelques textes tels le *Corpus Hermeticum* et la *Table d'Émeraude* ne nécessitant aucun intercesseur pour pouvoir être étudié et compris, il refait surface à Florence au cours de la Renaissance italienne.

Déjà, en Angleterre, Anderson faisait référence aux « mystères antiques » dans ses *Constitutions.* Plusieurs rites initiatiques ayant existé en France à la fin du XVIIIᵉ siècle ont préparé la voie aux premières loges maçonniques égyptiennes revendiquant cet héritage hermétique. C'est le cas par exemple des Architectes africains, du Rite primitif des Philadelphes, du Rite des parfaits initiés d'Égypte ou encore de l'Ordre sacré des Sophisiens.

Les Rites de Memphis et de Misraïm

Le premier rite égyptien a été fondé par l'aventurier italien Joseph Balsamo, dit le comte de Cagliostro, en 1784 à la loge La Sagesse triomphante, à Paris. Ce nouveau rite, proche du Rite écossais ancien et accepté, fait la part belle à l'hermétisme traditionnel. Cagliostro prend le titre de Grand Cophte, se référant en cela à la première chrétienté copte d'Égypte. Pour les tenants de ce rite égyptien, le monde physique tel que nous le percevons est une illusion et la fonction de l'initiation consiste à dissiper ce voile pour pouvoir accéder au réel.

L'égyptomanie qui saisit la société française à la suite de la campagne d'Égypte menée par Napoléon ravive l'engouement pour les « anciens mystères ». La première loge du Rite de Misraïm apparaît en France vers 1815, ramenée de Venise par des officiers de l'armée impériale. Il est possible que les loges vénitiennes aient elles-mêmes bénéficié d'une patente délivrée par Cagliostro. Le Rite de Memphis, basé sur l'hermétisme classique et doté de 95 degrés, est issu d'une scission d'avec Misraïm intervenue en 1838. Porteur de 90 degrés (dont les 33 du REAA), Misraïm est davantage influencé par la kabbale judéo-chrétienne.

Le Rite ancien et primitif de Memphis-Misraïm

Les loges des Rites de Memphis et de Misraïm ont connu une histoire mouvementée. Accusées d'abriter des républicains (Misraïm) et des bonapartistes (Memphis), elles sont interdites et dissoutes à plusieurs reprises. Le Rite de Misraïm finira par disparaître définitivement en 1870 tandis que celui de Memphis rejoindra le GODF en 1862.

Ces deux rites sont fusionnés en 1881 par Giuseppe Garibaldi, le héros de l'unification italienne. Le nouveau Rite ancien et primitif de Memphis-Misraïm dispose désormais de 99 grades et est plus orienté que jamais vers la mystique de l'Égypte antique, alors que les références « égyptiennes » des deux rites précédents devaient s'entendre dans un sens plus général, orientalisant. Aujourd'hui, les loges du GODF travaillant au Rite de Memphis-Misraïm ont ramené le nombre de degrés à 33 afin de mieux le calquer sur le REAA. Les grades pratiqués au GODF donnant lieu à initiation sont : Chevalier de l'Aigle rouge (12e degré), Philosophe hermétique (17e degré), Maître égyptien-Patriarche d'Isis (27e degré), Sublime Maître du Grand Œuvre (30e degré), Grand Défenseur du rite (31e degré) et Patriarche grand Conservateur (33e degré).

« La Flûte enchantée »

Mozart, maçon de la Stricte Observance templière, écrit *La Flûte enchantée* en 1771. Cet opéra traite de l'initiation d'un couple aux mystères d'Isis et d'Osiris. Il doit servir de clé de voûte à « La Grotte », rite égyptien que Mozart veut fonder. Selon certains, *Les Noces de Figaro* renfermeraient un enseignement caché destiné aux apprentis, *Don Juan* aux compagnons, *Cosi fan tutte* aux maîtres et *La Flûte enchantée* aux maîtres parfaits. Pour l'anecdote, les premiers accords répétés de l'ouverture évoqueraient le tambourinement du futur initié à la porte d'une loge maçonnique.

Schismes et scissions récentes

Gérard Encausse, dit Papus, par ailleurs créateur de l'Ordre martiniste (ordre para-maçonnique, héritier de Claude de Saint-Martin et de Martinès de Pasqually), fonde en 1908 l'antique et primitif Rite oriental de Memphis-Misraïm en France, qui deviendra plus tard la Grande Loge française du Rite ancien et primitif de Memphis-Misraïm (GLRAPMM). Cette branche du rite conserve des hauts grades hermétiques et ésotériques, au nombre de 66 (du 34e au 99e degré) et qui offrent une large place à l'étude des mythes religieux des différents âges de l'humanité.
C'est de l'éclatement de cette GLRAPMM en 1998 que sont nées la plupart des obédiences actuelles pratiquant le Rite de Memphis-Misraïm. Les seules obédiences pouvant revendiquer une origine plus ancienne sont le GODF, la Grande Loge indépendante et souveraine des rites unis, la Grande Loge féminine de Memphis-Misraïm et la Grande Loge mixte de France.
À l'origine des scissions récentes, on trouve essentiellement des querelles personnelles. Tout maçon arrivé au dernier grade est en effet susceptible de créer sa propre branche du rite et certains s'en sont d'autant moins privés que le grand maître est généralement nommé à vie.

Bien que minoritaires en France et en Italie, l'histoire des rites égyptiens reste intimement liée à celles de nos deux pays. Ils sont également pratiqués en Belgique, aux États-Unis, au Canada, en Grande-Bretagne, en Espagne et en Suisse notamment. Les rites égyptiens ont perdu beaucoup de membres ces vingt dernières années, lassés par les guerres intestines de ses différentes chapelles, si éloignées de la devise franc-maçonne : « *Réunir ce qui est épars* ». Mais leur pouvoir d'attraction reste fort, notamment auprès de tous ceux qui s'intéressent aux « anciens mystères » alexandrins.

La tombe de Papus

La tombe de Papus reste l'une des attractions majeures du Père-Lachaise. Située dans la 96e section, sa sépulture est fleurie toute l'année par des admirateurs anonymes, qu'ils soient martinistes, francs-maçons « égyptiens » ou simplement férus d'ésotérisme. Beaucoup de touristes russes, pays où l'Ordre martiniste est bien implanté, viennent également s'y recueillir. Il faut dire que Papus a été plusieurs fois invité à la cour du tsar Nicolas II, où il a officié en tant que médecin et conseiller occulte. Là, il dut à chaque fois affronter la concurrence d'un certain… Raspoutine.

Les autres rites maçonniques

Si l'on met de côté les différentes références chevaleresques, rosicruciennes, alchimiques et hermétiques qui viendront plus tard les enrichir et les différencier les uns des autres, tous les rites maçonniques puisent aux mêmes sources : les *Constitutions* d'Anderson d'une part et le Rite originel des constructeurs de cathédrales d'autre part. Tout d'abord appelé Rite des anciens devoirs, ce dernier deviendra au cours du XVIIe siècle le Rite du mot du maçon.
Et pour que notre tour d'horizon soit complet, nous dirons également quelques mots de deux rites peu connus : le tout récent Rite opératif de Salomon et le beaucoup plus ancien Rite suédois, très répandu dans le nord de l'Europe.

Une nouvelle guilde de maçons opératifs apparaît en Angleterre au XIVe siècle, durant la guerre de Cent Ans qui l'oppose à la France. À cette époque, l'argent manque pour bâtir de nouvelles cathédrales, ce qui conduit les maçons à se réunir pour se venir mutuellement en aide. C'est à cette époque et à l'intérieur de cette guilde qu'apparaît le Rite des anciens devoirs (*Old Charges*), destiné à initier les nouveaux membres. Il n'a qu'un but : sensibiliser le postulant aux règles qui s'imposent désormais à lui.

Elles sont consignées dans un Livre des anciens devoirs, dont la plus ancienne trace écrite est le *Manuscrit Regius* qui remonte à 1390 environ. Ces règles se présentent sous la forme de préceptes moraux et d'une obligation de secret, afin de ne pas ébruiter à l'extérieur le savoir de la corporation.

À cette époque, le rituel d'initiation reste sommaire : au cours de la cérémonie, le postulant doit simplement placer sa main sur le Livre des anciens devoirs et jurer solennellement de respecter tous les commandements qui y figurent. Des signes tracés sur le sol complètent sans doute la cérémonie mais, par nature éphémères, ils ne sont pas parvenus jusqu'à nous.

Le Rite du mot du maçon

Ce rite, basé sur celui des anciens devoirs, provient d'Écosse et date de la première moitié du XVIIe siècle. C'est le premier rituel non exclusivement tourné vers le travail de la pierre. À ce titre, il annonce une maçonnerie « spéculative ».

Le plus ancien manuscrit connu décrivant ce rituel est celui de la Loge de Kilwinning, qui date de 1697. C'est dans ce manuscrit qu'on trouve pour la première fois une référence explicite à des codes et à des poignées de main, secrets partagés par les maçons.

Si le Rite du mot du maçon accélère le passage vers une maçonnerie « spéculative », c'est essentiellement dû au fait que les maçons de cette époque sont devenus protestants. À ce titre, ils s'interdisent de tracer des figures secrètes sur le sol (une pratique idolâtre ?) et privilégient désormais une méthode de symbolisation orale et littéraire. D'autre part, les protestants se réapproprient une certaine liberté de jugement : plutôt que de se fier à une lecture littérale des *Old Charges* et de la Bible (qui remplace le *Livre des anciens devoirs* lors de la cérémonie d'initiation du Rite du mot du maçon), il est maintenant possible de spéculer sur l'interprétation qu'il convient d'en faire.

Le Rite opératif de Salomon

Rite oral et adogmatique centré autour de la symbolique des outils, le Rite opératif de Salomon (ROS) a été créé en 1970 par plusieurs spécialistes des rituels affiliés au Grand Orient de France. Mixte dès l'origine – alors que le GODF ne l'est devenu que récemment – il a trouvé refuge au sein de deux obédiences créées pour l'occasion : l'Ordre initiatique et traditionnel de l'art royal et l'Ordre des constructeurs.

Le ROS se veut le plus proche de celui pratiqué par les maçons opératifs bâtisseurs de cathédrales. Il revendique donc une filiation directe avec le Rite des anciens devoirs et celui du mot du maçon mais n'en possède pas moins un système de hauts grades. Outre les trois premiers degrés traditionnels (apprenti, compagnon et maître), le ROS compte six grades supplémentaires : maître secret, maître maçon de marque, chevalier de l'arche royale, chevalier rose-croix, gardien du saint-temple (ou passeur de lumière) et maître de nom ineffable.

Le Rite opératif de Salomon rassemble aujourd'hui plus d'un millier de frères. Si la majeure partie de ses soixante loges sont situées en France, il a jusqu'à présent essaimé en Belgique, au Canada, à Madagascar et en Suisse.

L'Art de mémoire

Connue depuis l'Antiquité, cette technique de mémorisation fut longtemps enseignée dans les écoles jésuites et utilisée par de nombreux maçons pratiquant des rites oraux, comme le Rite du mot du maçon. On l'appelle aussi méthode des lieux, car basée sur le souvenir de lieux déjà connus. En associant à chacun de ces lieux des éléments nouveaux que l'on souhaite mémoriser (comme un dialogue rituel par exemple), on parvient à des performances étonnantes : le champion du monde de mémoire Clemens Mayer a ainsi mémorisé 1 040 chiffres en les associant au parcours mental de son domicile.

Le Rite suédois

Le Rite suédois, majoritaire en Scandinavie, a été fondé en Suède en 1759. Sa grande originalité est qu'il n'accepte que des maçons chrétiens. Très influencé par la Stricte Observance templière, c'est un ordre chevaleresque qui s'est aussi nourri du rosicrucianisme et de différentes traditions hermétiques comme la théosophie. Son but est d'ailleurs typiquement hermétique : appréhender Dieu à travers l'esprit divin que chacun porte en soi.

À la tête de la Grande Loge de Suède se trouve un grand maître honorifique appelé Vicaire de Salomon. C'est par tradition le roi de Suède (actuellement Carl Gustav XVI) qui assume cette charge, depuis que son ancêtre Charles XVIII a fixé les constitutions de l'ordre en 1773.

Le Rite suédois comprend dix grades : les apprentis, compagnons et maîtres sont initiés dans des loges de Saint-Jean ; les apprentis de Saint-André, compagnons de Saint-André et maîtres de Saint-André dans des loges de Saint-André ; les très illustres frères, plus qu'illustres frères, frères illuminés et frères haut illuminés dans des chapitres. Enfin deux degrés administratifs viennent chapeauter l'ordre : frère très haut illuminé et chevalier commandeur de la Croix rouge.

On l'a vu, les futurs francs-maçons n'ont que l'embarras du choix pour choisir le rite qui leur convient le mieux. Ils peuvent être chrétiens (Rite suédois, Rite écossais rectifié), déistes (Rites « anglo-saxons »), agnostiques (Rite écossais ancien et accepté du Grand Orient de France) ou adogmatiques (Rite français, Rite opératif de Salomon, Rite écossais). Ils peuvent être chevaleresques, hermétiques, orientalisants, admettre les débats contradictoires ou les rejeter. Mais tous ont un objectif commun : l'amélioration de l'homme. Et une méthode commune : l'enseignement initiatique.

La théosophie

Figurant parmi les sources de référence du Rite suédois, pourtant exclusivement chrétien, la théosophie est une doctrine apparue au IIe siècle apr. J.-C. à Alexandrie qui veut que toutes les religions soient des tentatives différentes de l'homme pour connaître « le Divin ». Même si le chemin est différent, il contient à chaque fois une part de vérité.

La Société théosophique moderne, fondée en 1875 par Helena Blavatsky, a repris ce principe ancien et aboutit à un syncrétisme des religions hindouistes et bouddhistes auquel les théosophistes se réfèrent en parlant de « tradition primordiale ».

S'initier

Les signes du ciel

Il pourrait abriter les âmes, le paradis, l'enfer… Il fait la pluie et le beau temps, peut montrer des signes de colère incroyables. Le ciel – ses étoiles, sa voûte – fait partie intégrante de la symbolique maçonnique.

C'est l'énergie, la puissance, mais aussi l'origine de tout. L'homme n'est-il pas descendu du ciel ? Pendant longtemps aussi, le ciel est resté le lieu de toutes les inconnues, de tous les fantasmes, de toutes les interprétations, de tous les espoirs, de toutes les peurs aussi ; le ciel, mystère d'entre tous les mystères (avec la mort). Mais le ciel est aussi un formidable outil pour décrypter la nature, l'homme, l'existence. La position du soleil ne détermine-t-elle pas la progression de la journée, celle de la lune, l'avancée de la nuit ? Ne peut-on pas trouver dans le ciel des réponses à bon nombre de questionnements ? Les arts divinatoires, tout comme la franc-maçonnerie d'ailleurs, ont largement exploité le ciel et ses composants (lune, planètes, étoiles, etc.) dans l'élaboration de leurs pratiques. L'ésotérisme ne peut se départir d'une profonde imprégnation de tous les signes et les éléments du ciel : le ciel guide, le ciel transmet, le ciel éclaire... le ciel permet aussi d'entrer d'une certaine façon dans la spiritualité. Comment ? D'un point de vue purement contemplatif, c'est ce que tout un chacun peut constater ! Regarder le ciel permet de faire le vide en soi, d'explorer son moi le plus profond, de trouver enfin des cheminements de pensées. C'est une façon de se concentrer sur l'essentiel aussi. Ce n'est ainsi pas un hasard si les plafonds des temples maçonniques figurent très souvent une voûte étoilée (même s'ils ne sont pas tous voûtés, ils sont généralement peints en bleu et parsemés d'étoiles). La symbolique maçonnique reprend aussi l'étoile dans une autre représentation essentielle : l'Étoile flamboyante. Cette étoile à cinq branches qui se reconnaît immédiatement avec son G (pour *God* ou gnose – science de la vérité – ou, pourquoi pas, géométrie ou génie) inscrit dans son centre joue un rôle primordial dans le passage de grades (quand un compagnon passe au deuxième degré, il doit la voir dans son universalité), est un symbole que l'on retrouve aussi bien chez Pythagore (il est alors la représentation de la perfection du corps humain en harmonie avec ce qui l'entoure) que chez Léonard de Vinci, puisque le génie italien a utilisé ce pentagramme pour y insérer un homme, l'homme de Vitruve.

Arc-en-ciel, incontournable élément

L'arc-en-ciel est une figure récurrente dans la symbolique maçonnique. Il configure en effet plusieurs idées chères aux initiés, que l'on peut aisément comprendre. L'arc-en-ciel en premier lieu est un lien entre la terre et le ciel, ce qui lui confère, reconnaissons-le, une dimension bien plus mystique que s'il est analysé comme un vulgaire phénomène naturel. Sa forme en arc n'est pas non plus dénuée de signification. Son interprétation peut varier selon les auteurs et les personnalités, mais l'arche symbolise quand même souvent la puissance, voire la toute puissance (l'arc de triomphe). Dans la franc-maçonnerie anglo-saxonne (en Écosse notamment, mais aussi en Australie ou en Angleterre), l'Arche royale (ou Arc royal ou Saint Arc royal) représente l'un des grades les plus élevés que peut obtenir l'initié, une reconnaissance des plus prestigieuses qui ne peut s'obtenir qu'une fois toutes les étapes du processus maçonnique franchies. C'est un peu la cerise sur le gâteau pour reprendre une métaphore plus terre à terre.

L'arc-en-ciel enfin est remarquable par une autre de ses particularités : il contient toute la palette des couleurs primaires. Or les couleurs jouent un rôle prédominant dans les rituels et les pratiques maçonniques. Elles ont, par ailleurs, chacune, une force et une signification qui se retrouvent dans la plupart des sciences ésotériques : le blanc, le noir, le rouge ou le bleu déterminent ainsi les flux énergétiques, les sentiments, les ressentis. À ce propos, Jean-Jacques Gabut, titulaire des grades supérieurs écossais, précise le poids des couleurs et le référentiel de cet arc-en-ciel symbolique : « *En nous référant au spectre solaire de l'arc-en-ciel, nous dénombrons sept couleurs : rouge, orangé, jaune, vert, bleu, indigo et violet.* » Sept ! Chiffre symbolique. Encore une fois, ciel, nature, couleur et nombres sont liés, même si, précise-t-il, « *nous laisserons de côté l'orangé, l'indigo et le violet dont la symbolique maçonnique ne fait pas usage* ».

Ciel et architecture

L'architecture et le ciel ont des liens ténus, car les architectes ont toujours orienté leurs édifices, créé des puits de lumière, cherché à atteindre des cimes, etc., en fonction du ciel. Les voûtes des cathédrales, par exemple, sont des représentations assez impressionnantes des ouvrages faits en direction du ciel. Il n'est guère étonnant alors que les francs-maçons, organisation héritière des artisans du bâtiment, s'en soient largement inspirés.

Le ciel au-dessus de la tête

Représenter un ciel étoilé ? Peindre des plafonds pour leur donner l'apparence d'une voûte céleste ? La démarche n'est pas nouvelle. Déjà les Égyptiens reproduisaient le ciel et les étoiles dans leurs chambres mortuaires… car, ainsi, les âmes pouvaient-elles vivre librement dans le monde souterrain. Cette voûte étoilée ou voûte céleste est utilisée en franc-maçonnerie de façon allégorique. Les plafonds des temples maçonniques, peints en bleu et parsemés d'étoiles jaune doré, ne le sont nullement dans une visée esthétique. Si on revient aux origines de la fraternité, le temple maçonnique n'est pas sans rappeler celui construit par Salomon. Ce temple, selon la Bible, est le premier temple juif de Jérusalem et contenait l'arche d'alliance (coffre contenant tous les textes fondateurs donnés à Moïse sur le mont Sinaï). Dès lors, on peut supposer que le plafond étoilé figure un temple à ciel ouvert, car il pourrait rappeler aux francs-maçons que la tâche n'est jamais achevée, que la construction n'est jamais complètement aboutie. Par ailleurs, le ciel au-dessus de la tête serait utile pour signifier à l'homme qu'il n'est que petit par rapport à l'immensité de l'Univers (l'humilité étant une valeur propice au cheminement intérieur). Enfin, les étoiles scintillantes pourraient déverser leurs pluies d'énergie à l'apprenti qui, sous cette voûte céleste, prendrait le bon chemin.

Ciel, étoiles et planètes

Depuis plusieurs siècles, les hommes voient entre les éléments de la nature, mieux, de l'Univers, et leur existence terrestre des signes et des symboliques fortes. Cette alchimie est récurrente dans les rites francs-maçons. Les planètes n'échappent pas à cette règle et portent en elles des significations propres associées notamment aux couleurs et aux minéraux.

Soleil : jaune, or

Lune : blanc, argent

Mars : rouge, fer

Jupiter : bleu, étain

Saturne : noir, plomb

Vénus : vert, cuivre

Mercure : pourpre, mercure

Chiffres et nombres, poids et interprétations

Construire, penser, prédire, anticiper, comprendre aussi… tout n'est finalement que question de calculs, de positions, de mathématiques. Les grands génies comme les francs-maçons accordent aux chiffres une dimension prépondérante.

Depuis que l'homme est l'homme (ou presque), les chiffres et nombres ont occupé une place importante dans son évolution. Sans chiffres, pas de science, pas de calculs, pas de construction, pas de commerce ni d'économie… D'ailleurs, les premiers systèmes décimaux sont apparus très tôt dans l'évolution humaine. Les Incas, les Égyptiens, les Chinois ou encore les Grecs et les Romains expérimentaient différents systèmes de numération. Mieux, on a découvert des traces de forme de numération sur des tablettes d'argile en Mésopotamie, qui dateraient de près de 3000 ans av. J.-C. Plus près de chez nous, on retrouve un système élaboré avec les premiers chiffres de 1 à 9 en Inde, aux alentours de 300 ans av. J.-C. Les chiffres, indissociables de l'évolution de notre espèce, ont donc largement contribué à l'expansion et aux œuvres des hommes. Utiles, voire indispensables (pour nombre d'activités, y compris en architecture notamment), les chiffres et nombres font partie de ce que l'on pourrait appeler un ensemble cartésien, rationnel. Pourtant, depuis qu'ils sont connus, les chiffres et les nombres flirtent avec un monde beaucoup plus irrationnel. Ils ont ainsi une connotation mystique et ésotérique indiscutable pour beaucoup d'hommes. Certains portent chance ou au contraire portent malheur, ils peuvent être codés ou former eux-mêmes des clés qui ne s'ouvriront que pour et par les initiés. Mystique ? Ésotérique ? Divin ? Satanique ? Certains nombres résonnent dans la mémoire collective (le 13, le 7, le 666, le 4…) comme synonymes de superstition ou apocalyptiques. Mais c'est peut-être du côté des arts divinatoires que l'on trouve de plus grandes interactions encore entre les chiffres et la vie. La numérologie, par exemple, est entièrement fondée sur les chiffres (de naissance, du chemin de vie, etc.). L'astrologie prend comme base d'étude des nombres clés : les 12 planètes, l'heure de naissance, etc. La franc-maçonnerie n'est pas en reste. Mieux, les chiffres et les nombres sont une constante dans son fonctionnement.

Apprenti et compagnon : 3 et 5

L'apprenti franc-maçon est tout entier lié à un chiffre : le 3. Chiffre de la Trinité, il est présent à toutes les étapes du processus d'initiation et, ensuite, dans le cheminement personnel de l'apprenti. Le 3 reste d'ailleurs « accroché » à tous les francs-maçons, y compris les compagnons, dont le chiffre référence est le cinq, comme le rappelle très justement Jean-Pierre Gabut, auteur des *Symboles de la franc-maçonnerie* (éd. Dervy) : *« Le 5 est le Nombre, quasi exclusif, du compagnon. Même si le 3 lui rappelle en permanence, dans les structures de la loge comme dans l'ordonnancement du rituel, qu'il reste et restera toujours quelque part un apprenti et que le nombre 3 est là, non seulement pour le lui remémorer, mais pour lui souffler qu'il est et demeure au cœur du rite le nombre irremplaçable. »*

Lors de la première cérémonie d'initiation, l'aspirant apprenti (qui est déjà là parce qu'il a obtenu trois scrutins) doit répondre à trois questions essentielles posées par trois enquêteurs. Puis tout le rituel d'initiation s'articule autour du chiffre 3 : les gestes sont répétés trois fois, les symboles sont toujours au nombre de trois, l'apprenti doit nécessairement effectuer des tâches par trois ou accepter trois engagements. Pourquoi trois ? Jean-Pierre Gabut poursuit : *« C'est par le 3 que tout est créé. Le 3 est le symbole de la fécondité universelle, comme nous l'exprime d'ailleurs la troisième lame du tarot, l'impératrice incarnant la puissance suprême. »*

Le compagnon quant à lui est lié au 5 (sans oublier le 3 comme nous l'avons vu). Pendant son cheminement, il devra effectuer cinq voyages initiatiques, il recevra cinq outils, devra explorer les cinq sens… et, surtout, il va s'approprier un symbole haut en signification : l'Étoile flamboyante, une étoile à cinq branches agrémentée d'un « G » en son centre.

Des nombres qui comptent

Le 3 et le 5 sont donc, individuellement, des chiffres clés. Mais ils sont aussi plus que cela. Car à eux deux ils forment un troisième nombre, le nombre d'or. En effet, si l'on divise le nombre du compagnon par celui de l'apprenti (5/3) on obtient 1,618.

Géométrie parfaite

Les formes géométriques, tout comme les chiffres dont elles dépendent, font aussi partie de la symbolique mystique et maçonnique. Cercles et triangles notamment sont deux figures qui ont des significations assez fortes. Ces figures peuvent aussi se combiner et donner lieu à de nouveaux symboles, comme le pentagramme ou le Sceau de Salomon. Dans tous les cas, les figures géométriques utilisées dans la symbolique maçonnique éclairent sur la proportionnalité et la perfection mathématique.

Depuis les Grecs et l'Antiquité, ce nombre d'or est la proportion idéale du corps humain, la plus harmonieuse. Aussi prenaient-ils soin de toujours représenter l'homme selon ce calcul simple : la longueur du tronc doit être 1,618 fois celle de la tête, et la longueur des jambes doit être 1,618 fois celle du tronc. Heinrich Cornelius Agrippa, philosophe et ésotériste du XVe siècle, avec son homme inscrit dans un cercle et un pentagramme (on en revient à l'Étoile flamboyante), établit lui aussi cette divine proportion, même s'il reprend en grande partie les travaux de Léonard de Vinci (et son « homme de Vitruve »).

Le 7 et le 9 sont deux autres chiffres dominants. Tous deux sont les chiffres liés au maître. « *Sept a la particularité d'être un Nombre divin puisqu'il régit le Temps et l'Espace par les 7 luminaires et les 7 signes parcourus par le Soleil entre les deux solstices et les deux équinoxes et un Nombre humain régissant aussi bien les travaux et les jours, les couleurs du prisme et les notes de la gamme musicale. Avoir 7 ans en franc-maçonnerie signifie que l'on se trouve à la jonction des deux mondes, divin et humain* », explique ainsi Jean-Jacques Gabut.

Le 9 est le symbole de l'Univers. C'est aussi un multiple de trois, et donc de la Trinité. Dans le tarot, le neuf est la carte de l'hermite qui voyage dans les profondeurs de la Terre, ce qui n'est pas sans rappeler les voyages initiatiques maçonniques. Neuf, enfin, est à histoire d'homme le chiffre qui renvoie à la naissance, à la vie puisqu'il faut neuf mois pour enfanter.

Chiffre ou nombre ?

La différence entre les deux est ténue, et on utilise souvent l'un et/ou l'autre sans vraiment savoir si l'on est dans le vrai ! Généralement, on admet que les chiffres sont les unités et que les nombres sont composés de chiffres. On peut partir du principe qu'il existe dix chiffres (0, 1, 2, 3, 4, 5, 6, 7, 8 et 9) et quantité de nombres. Certains différencient également chiffres et nombres en les comparant avec des lettres et des mots. Les lettres étant des chiffres et les mots des nombres.

Comment devenir franc-maçon ?

La réponse des francs-maçons aux traditionnelles accusations de sectarisme est bien connue : « *S'il est très facile d'intégrer une secte mais très difficile d'en sortir, en franc-maçonnerie c'est l'inverse* ». Et c'est vrai qu'on n'entre pas dans une loge maçonnique comme dans un moulin. Les francs-maçons ont toujours expliqué qu'ils préféraient, dans leur processus de recrutement, privilégier la qualité à la quantité. Si vous êtes désireux de rejoindre une obédience pour démarrer votre initiation, sachez donc qu'un parcours de sélection complexe à l'issue incertaine vous attend. Mais que cela ne vous décourage pas : chez les maçons, on a toujours droit à une seconde chance.

Plusieurs conditions de base sont demandées à tout postulant : il doit être majeur (à la Grande Loge nationale française, il faut même avoir plus de 21 ans), « libre et de bonnes mœurs » (une expression un peu désuète tirée des *Constitutions* d'Anderson, que chaque obédience interprète un peu à sa manière) et tolérant (les candidatures d'extrême droite ont de bonnes chances d'être rejetées). Des critères additionnels diffèrent en fonction des loges : certaines obédiences imposent de croire en Dieu tandis que d'autres n'imposent aucune exigence particulière en matière de foi. Le sexe peut aussi être un critère d'admission : il existe ainsi des obédiences exclusivement masculines, exclusivement féminines et mixtes. Il faut enfin être prêt à consacrer un certain temps à l'initiation maçonnique, chaque loge organisant une à deux tenues mensuelles, sans compter les réunions de travail propres à chaque degré. En fonction de ces critères additionnels, il ne vous reste plus ensuite qu'à déterminer quelle obédience peut vous recevoir, quel rite vous souhaitez pratiquer (la plupart des obédiences rassemblant des loges pratiquant des rites différents) et à faire acte de candidature.

L'examen de candidature

À défaut de parrain, les candidatures spontanées sont acceptées. C'est alors l'obédience auprès de laquelle vous avez postulé qui se chargera de vous trouver un parrain.
Votre dossier de candidature doit comprendre un CV, une lettre de motivation et une photo. Selon les obédiences, on pourra également vous demander de remplir un questionnaire et d'adjoindre au tout un extrait de casier judiciaire, voire une fiche d'état civil.

S'ensuivent trois tours de scrutin : le premier commence dès le dossier de candidature, le vénérable de la loge pouvant déjà décider de le rejeter à ce stade.
Une fois cet écueil passé, trois « enquêteurs » sont nommés, qui vous interrogeront à tour de rôle, l'un d'eux venant même vous voir chez vous. Ils effectuent ensuite chacun un rapport, lequel est soumis au vote des maîtres de la loge.
Si cette deuxième étape est également couronnée de succès, vient le temps de l'ultime épreuve : le passage sous le bandeau. Les yeux bandés, vous devrez répondre au feu nourri de questions des membres de la loge, lesquels voteront une dernière fois. Un résultat positif vous permettra d'être enfin initié, lors d'une cérémonie qui se tient en général une fois par an.

L'initiation maçonnique

La cérémonie d'initiation est sans doute la plus importante dans une vie maçonnique. Elle démarre par un long passage dans le « cabinet de réflexion », une pièce sombre et étroite, au décor alchimique favorisant le recueillement, dans laquelle le futur maçon rédige son testament philosophique. C'est « l'épreuve de la terre », qui symbolise la mort du profane et la naissance du maçon. Après avoir « laissé ses métaux à la porte du temple », le futur initié frappe à la porte et fait son entrée les yeux bandés, les poignets entravés et la corde au cou, une épaule découverte et une jambe de pantalon relevée. Tout au long de la cérémonie, il subit trois épreuves symboliques associées à l'air, à l'eau et au feu et le rituel se termine par l'ingestion de « la coupe d'amertume », une potion immonde signifiant que « le chemin de la vertu est difficile et parsemé d'amères déceptions ». Le bandeau n'est ôté au maçon qu'après avoir prêté serment sur le Livre de la loi sacrée. Le vénérable l'adoube alors avec son épée flamboyante et la cérémonie s'achève sur la remise des instructions de son grade. Devenu maçon, il reçoit un tablier et une paire de gants blancs symbolisant sa nouvelle fonction.

« J'ai été blackboulé »

Au cours de la vie de la loge, à l'occasion de chaque vote, un frère peut demander à ce que ce dernier s'effectue à bulletins secrets (plutôt qu'à main levée, qui est la procédure habituelle). Chaque votant reçoit alors une boule blanche et une boule noire. Une boule blanche glissée dans l'urne implique que le frère considéré épouse les conclusions du grand maître tandis que la boule noire exprime une opposition, un refus. Se faire « blackbouler » vient donc de *black ball* (boule noire) et est un terme d'origine maçonnique signifiant qu'on a été éliminé lors d'un vote ou d'un examen.

Les adresses des principales obédiences

Vous pouvez envoyer un dossier de candidature à l'obédience de votre choix. Elles possèdent toutes leur site Internet. Pour faciliter vos recherches, voici les références de quelques-unes d'entre elles.

- *Grand Orient de France.* 16, rue Cadet 75009 Paris. Adogmatique, c'est la plus importante obédience d'Europe continentale.
- *Fédération française du droit humain.* 49, boulevard de Port-Royal 75013 Paris. C'est la première obédience mixte de l'histoire.
- *Grande Loge de France / Grande Loge féminine de France.* 8, rue Puteaux 75017 Paris (GLDF) et 60, rue Vitruve 75020 Paris (GLFF). Ces deux obédiences apparentées – l'une strictement masculine et l'autre strictement féminine – font référence au Grand Architecte de l'Univers.
- *Grande Loge nationale française.* 12, rue Christine-de-Pisan 75017 Paris. Obédience exclusivement masculine et déiste.
- *Grande Loge mixte de France.* 108, boulevard Vaillant 93300 Aubervilliers. Elle laisse à ses membres le choix de constituer des loges mixtes, masculines ou féminines.
- *Grande Loge traditionnelle et symbolique opéra* : 9, place Henri-Barbusse 92200 Levallois. Exclusivement masculine, elle fait référence au Grand Architecte de l'Univers.

Il n'est pas toujours évident de franchir le pas… ni le parvis d'un temple maçonnique. Cela devra toujours venir de vous, les frères prenant grand soin de tester votre motivation avant de vous accepter parmi eux. On ne peut pas vraiment parler de parcours du combattant pour intégrer une loge maçonnique mais attendez-vous tout de même à une longue procédure. Elle peut prendre jusqu'à un an, voire plus si votre tentative précédente s'est soldée par un échec. Dans ce cas, il vous sera toujours possible de déposer un nouveau dossier de candidature après avoir respecté un délai de six mois.

La cérémonie du bandeau

Le « passage sous le bandeau » est un rituel dont se souviennent tous les francs-maçons. Le candidat, incapable de voir quoi que ce soit, laisse ses autres sens prendre le relais et vit intensément cette expérience. Il doit s'abandonner totalement aux personnes qui le guident et le font asseoir en un lieu inconnu. Sentant de nombreuses présences autour de lui, il est alors bombardé de questions. S'il n'est certes pas facile d'être longuement interrogé par des ombres, dites-vous que c'est la dernière épreuve à passer avant l'initiation, celle qui décidera de votre futur de maçon…

Notes

Notes

EDITIONS ESI

60, rue Vitruve, 75020 Paris

Auteurs : Gwenn Rigal et Veronica Bell
Imprimé par FINIDR en République tchèque à Cesky Tesin

ISBN : 978-2-8226-0240-2
N° Sofedis : S512775